BEI GRIN MACHT SICH
WISSEN BEZAHLT

Alexander Silhavy

Cyber-Sicherheitsstrategie für Deutschland

Neue Bedrohungen? Neue Lösungen?

GRIN Verlag

Bibliografische Information der Deutschen Nationalbibliothek:

Die Deutsche Bibliothek verzeichnet diese Publikation in der Deutschen National-
bibliografie; detaillierte bibliografische Daten sind im Internet über http://dnb.d-
nb.de/ abrufbar.

Impressum:

Copyright © 2012 GRIN Verlag GmbH
Druck und Bindung: Books on Demand GmbH, Norderstedt Germany
ISBN: 978-3-656-35958-6

Dieses Buch bei GRIN:

http://www.grin.com/de/e-book/208453/cyber-sicherheitsstrategie-fuer-deutschland

Die Deutsche Cyber-Sicherheitsstrategie

Neue Bedrohungen? Neue Lösungen?

Seminararbeit von
Alexander Silhavy

Inhaltsverzeichnis

1 Einführung

Durch die stetig ansteigende weltweite Vernetzung und die damit verbundenen Bedrohungen und akuten Gefahren gewinnt die Diskussion über den Schutz von Informations- und Kommunikationsinfrastrukturen immer mehr an Brisanz. Kritische Infrastrukturen, wie das Energienetz, die Wasserversorgung oder auch das Gesundheitswesen bilden im globalen Kontext die Grundlage für die Handlungsfähigkeit souveräner Staaten. Die Bundesrepublik und ihre wirtschaftliche Stärke sind nicht zuletzt auf Innovationen in Forschung und Entwicklung zurückzuführen, sondern auch in Zukunft davon abhängig. Der Verlust von sensiblen Informationen dieser Bereiche kann im digitalen Zeitalter durch Industriespionage innerhalb von Sekunden den Wissensvorsprung eines Global Players zu Nichte machen. Doch nicht nur die Wirtschaft wird immer wieder Opfer von Cybercrime, auch die Verfügbarkeit von Regierungs- und Unternehmensnetzwerken ist heutzutage ein attraktives Ziel für Hacktivisten[1], die organisierte Kriminalität aber auch staatlich motivierte Tätergruppen. Als Nervenstränge der Wirtschaft gilt es diese Strukturen zu schützen und die (inter)nationalen Sicherheitsüberlegungen weiter zu fördern und zu fordern.

> "Stopping terrorists is the number-one priority, but down the road, the cyber-threat will be the number one threat to the country. I do not think today it is necessarily [the] number-one threat, but it will be tomorrow."[2]

Dieses Zitat vom Direktor des amerikanischen Nachrichtendienstes FBI (Federal Bureau of Investigation) zeigt die hohe Relevanz und die daraus resultierende Notwendigkeit klare Strategien, wirkungsvolle Prozesse und Wissen im Bereich IT-Sicherheit auf- und kontinuierlich auszubauen. Als aktiven Schritt zum präventiven Schutz von Informations- und Kommunikations-Infrastrukturen, die in die Hoheit Deutschlands fallen, beschloss das

---

[1] Vgl. Cordesman, A.; Cordesman, J. (2002): Cyber-Threats, Information Warfare, and Critical Infrastructure Protection, First Edition, Washington, 2002, S. 20
[2] Zitat von Robert Mueller, Direktor des Federal Bureau of Investigation auf der RSA Cyber Security Conference am 01.03.2012

Kabinett am 23.02.2011 die Cyber-Sicherheitsstrategie für Deutschland. Im Juli letzten Jahres veröffentlichte das mit der Erstellung beauftragte Bundesministerium des Innern das Strategiepapier, welches die Basis für ein umfassendes Programm von Präventivmaßnahmen bildet und zudem Sicherheitsziele definiert und daraus resultierend ein Sicherheitsniveau festlegt. Doch ist die Strategie in ihrer jetzigen Form umfassend genug, um die aktuelle Bedrohungslage zu regulieren?

1.1 APTs und ihre Folgen für das (IT-)Sicherheitsbewusstsein

Nach Bekanntwerden des Advanced Persistent Threat „Stuxnet" (APT) wurde die breite Öffentlichkeit auf die neuen Bedrohungen aus dem Cyberraum aufmerksam. Durch die Vernetzung von sogenannter Spezial-IT, also Systemen, die außerhalb der klassischen Büro-IT liegen und herkömmlichen TCP/IP Netzwerken, entstand die Möglichkeit, unberechtigt auf Systeme zuzugreifen und die dahinterliegenden Komponenten zu manipulieren oder sogar zu sabotieren. Erschwerend kam hinzu, dass die Spezial-IT in der Vergangenheit im Hinblick auf Informationssicherheit selten angemessen berücksichtigt oder sogar komplett ausgeblendet wurde. Beispiele hierfür sind Zutrittskontrollsysteme, Prozesssteuerung, -automatisierung, und -leittechnik, digitale Mess-/Steuerungs-/systeme, Medizin-IT und Smart Grids. [3] In der Planungs- und Entwicklungsphase dieser Systeme waren Sicherheitsarchitekturen nie Bestandteil der Konzepte, da sie als in sich geschlossene Netze betrieben wurden. Durch den Trend des Internets der Dinge[4] und dem Verlangen eine übergreifende Vernetzung in Unternehmen zu realisieren, eröffneten sich völlig neue Möglichkeiten für die organisierte Kriminalität, aber auch das Militär.

---

[3] Vgl. Bundesamt für Informationstechnik (2012): Register aktueller Cyber-Gefährdungen und -Angriffsformen
[4] Vgl. Hersent, O.,Boswarthick, D., Elloumi. O (2012): The Internet of Things - Key Applications and Protocols, First Edition. Chichester, 2012, S. 1

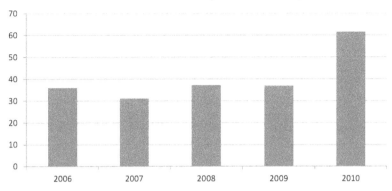

Schäden durch Cybercrime in Deutschland von 2006 - 2010 (in Mio. Euro)

Abbildung 1: Schäden durch Cybercrime von 2006 bis 2010[5]

Anhand der Statistik des Bundeskriminalamts (Abbildung 1) lässt sich erkennen, dass sich der Schaden durch Cyberkriminalität innerhalb von vier Jahren fast verdoppelt und damit besorgniserregende Dimensionen erreicht hat. Besonders der deutsche Mittelstand bekommt die finanzwirtschaftlichen Schäden massiv zu spüren. Viele Unternehmen sind nach einem Cyber-Verbrechen nicht mehr konkurrenzfähig, da ihr innovatives geistiges Eigentum (beispielsweise in Form von Bauplänen, Dokumentationen oder Quellcode) in fremde Hände fällt. Das zeigt ein weiteres Mal die Notwendigkeit staatlichen Handelns in der Entstehungsphase von kriminell ausgerichteten Geschäftsmodellen. Da sich die Gesellschaft momentan genau an diesem Punkt befindet, muss die Cyber-Sicherheitsstrategie jetzt ihre Leistungsfähigkeit unter Beweis stellen.

---

[5] Bundeskriminalamt, Cybercrime Bundeslagebild 2011

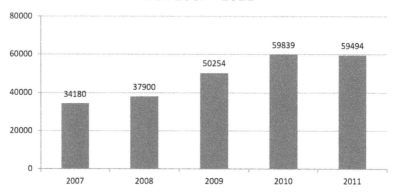

Bei der vorliegenden Statistik[7] (Abbildung 2) ist die Dunkelziffer, also jene Straftaten, die nicht angezeigt werden, von Cyberkriminalität nicht berücksichtigt. Daraus schlussfolgernd sind die tatsächlichen Zahlen also definitiv höher. Besonderes Augenmerk ist auf die Jahre 2011 und 2012 zu legen. Hier ist entgegen der Erwartung ein Rückgang der erfassten Fälle zu erkennen, dafür aber eine Zunahme der Schadenshöhe im Einzelfall. Der Grund dafür ist, dass sich die Straftaten und dafür verwendeten Angriffe professionalisiert haben.

1.2 Aufgabenstellung und Zielsetzung

Die vorliegende Literaturstudie soll einen Überblick über die strategischen Ziele und die damit verbundenen Maßnahmen der Bundesregierung im Rahmen der Cyber-Sicherheitsstrategie für Deutschland geben. Weiterführend soll eine kritische Analyse des Status Quo getroffen und mögliche Optimierungspotentiale aufgedeckt werden.

---

[6] Bundeskriminalamt, Cybercrime Bundeslagebild 2011
[7] Die erfassten Fälle umfassen unter anderem folgende Delikte: Computerbetrug, Betrug mit Zugangsberechtigungen zu Kommunikationsdiensten, Fälschung beweiserheblicher Daten, Täuschung im Rechtsverkehr bei Datenverarbeitung, Datenveränderung/Computersabotage sowie Ausspähen, Abfangen von Daten einschl. Vorbereitungshandlungen

Abschließend wird ein Ausblick eine denkbare Entwicklung im Bereich Cyber-Security thematisieren, die als Grundlage für weitere Diskussionen und Denkansätze dienen soll.

2 Sicherheitsstrategische Grundlagen

2.1 Definition

Im Folgenden Abschnitt werden für die Literaturstudie markante Wörter und Vokabeln definiert, um ein gemeinsames Verständnis der Begriffe zu schaffen. Durch die Aktualität des Themas sind viele Begriffe noch nicht endgültig definiert und es ist zu erwarten, dass sich viele Wörter noch von ihrer Bedeutung her entwickeln werden. Insbesondere im internationalen Verständnis führt dies zu Problemen, die es erschweren einheitliche und vor allem rechtsgültige Vereinbarungen zu treffen.

2.1.1 Cyber

Bedeutung: „Wortbildungselement mit der Bedeutung »die von Computern erzeugte virtuelle Scheinwelt betreffend«, z. B. Cyberspace"[6]

Herkunft: „Verkürzt aus englisch cybernetics Wissenschaft von den Steuerungs- und Regelungsvorgängen"[8]

2.1.2 Sicherheitsstrategie

„Die Sicherheitsstrategie legt fest, welches Maßnahmenbündel von der Prävention, über die Detektion und Meldung bzw. Alarmierung, sowie die Reaktion bis hin zur Wiederherstellung zur Vermeidung, Verringerung oder Verlagerung eines Risikos in welchem Umfang ergriffen werden sollten."[9]

2.1.3 Cyber-Security

„Cyber Security involves reducing the risk of malicious attack to software, computers, and networks. This includes the tools used to detect break-ins, stop viruses, block malicious access, enforce authentication, enable encrypted communications, and on and on."[10]

---

[8] Bibliographisches Institut GmbH (2009): Duden 01. Die deutsche Rechtschreibung, 25. Auflage, Mannheim, 2009
[9] Müller, K. (2003): IT-Sicherheit mit System, 1. Aufl., Wiesbaden, 2003, S. 231
[10] Amoroso, E. (2007): Cyber Security, First Edition, New Jersey, 2007, S. 2

2.1.4 Kritische Infrastrukturen

"Kritische Infrastrukturen sind Organisationen und Einrichtungen mit wichtiger Bedeutung für das staatliche Gemeinwesen, bei deren Ausfall oder Beeinträchtigung nachhaltig wirkende Versorgungsengpässe, erhebliche Störungen der öffentlichen Sicherheit oder andere dramatische Folgen eintreten würden."[11]

2.1.5 Advanced Persistent Threat

Im Jahr 2010 wurde ein neues Akronym publik, das zu mehr Mystifizierung als Verständnis in der IT-Sicherheit führte. Übersetzt bedeutet Advanced Persistent Threat so viel wie „Hochentwickelte anhaltende Gefahr".[12] *Hochentwickelt* soll dabei das große Spektrum an intelligenten Techniken hinter den Angriffen beschreiben. Zudem sind die Angriffe *anhaltend*, also nicht nur einmalig, sondern sie werden über einen längeren Zeitraum vorbereitet und auch ausgeführt. Ein Grund hierfür ist, dass ein System gezielt und mit bestimmten Absichten, wie beispielsweise Informationsbeschaffung oder Manipulation von dahinterliegenden Systemen, penetriert wird.

2.2 Ziele von Sicherheitsstrategien

Eine Sicherheitsstrategie legt fest, wie das angestrebte Sicherheitsniveau so zu erreichen ist, dass sie durchsetzbar und anwendbar ist. Dabei ist sie von mehreren Einflussfaktoren abhängig: die Größe der betroffenen Strukturen, die Zielsetzungen, die kulturellen Einflüssen, die gewachsenen historischen Strukturen und Traditionen, sowie modernen Best-Practice Methoden.[13]

3 Aufbau und Inhalt der deutschen Cyber-Sicherheitsstrategie

3.1 Inhalt im Überblick

Die Cyber-Sicherheitsstrategie hat eine IT-Gefährdungslage als Grundlage. Darauf aufbauend beschreibt sie zu schaffende Rahmenbedingungen und formuliert eine Leitlinie der Strategie.

---

[11] Bundesministerium des Innern (2005): Nationaler Plan zum Schutz der Informationsinfrastrukturen (NPSI), 2005, S. 21

[12] Vgl. Gaycken, S. (2012): Cyberwar – Das Wettrüsten hat längst begonnen, 1. Auflage, München, 2012, Kapitel 1.5

[13] Tiemeyer, E. (2009): Handbuch IT-Management, 3. Auflage, München, 2009, S. 525ff

Hauptteil sind die strategischen Ziele und Maßnahmen, die sich wiederrum in zehn Punkten wiederspiegeln (siehe Abbildung 3: Strategische Ziele und Maßnahmen). Abschließend wird eine Möglichkeit der nachhaltigen Umsetzung formuliert und Abkürzungen und Definitionen beschrieben.

3.1.1 Bedrohungen und Gefahren

Die neuen Möglichkeiten der Vernetzung bringen nicht nur Vorteile für Bevölkerung, Staat und Wirtschaft. Vergleichsweise stark wachsen auch die Bedrohungen und Gefahren in der virtuellen Welt. Der IT-Gefährdungslage des Bundesministeriums des Innern sind zusammenfassend acht Bedrohungen und Gefahren zu entnehmen.[14]

Primär ist die zunehmende Professionalisierung der Angriffe auf Informationsstrukturen zu nennen, die sich durch erfolgreiche Angriffe auf technologisch komplexe und teils gut geschützte Informationsverbunde in der Vergangenheit gezeigt hat. Jüngstes Beispiel hierfür ist der Computerwurm Stuxnet, der zur aktiven Sabotage von SCADA (Supervisory Control and Data Acquisition) Systemen der Firma Siemens genutzt wurde und im Ergebnis Urananreicherungsanlagen im Iran beschädigte oder teilweise gänzlich unbrauchbar machte.[15] Um einen solchen Angriff durchführen zu können, ist gut ausgebildetes Personal nötig. Kenntnisse in der SPS (Speicherprogrammierbare Steuerung) Programmierung sind eine der grundlegenden Voraussetzungen, um die SCADA Systeme zu manipulieren. Eine gültige und scheinbar gutmütige Transaktion wird genutzt, um negative Auswirkungen für den Betrieb herbeizuführen. Des Weiteren sind verwundbare Opfersysteme als Werkzeug für verschleierte Angriffe aufgeführt; ungepatchte IT-Systeme, die mit dem Internet verbunden sind, werden (meist ohne Wissen des Besitzers) als Angriffssysteme genutzt. Ein so genannter Zombie[16] kann im Verbund mit einer hohen Anzahl von ebenfalls infizierten

---

[14] Vgl. Bundesministerium des Innern (2011): Cyber-Sicherheitsstrategie für Deutschland, S. 3
[15] Vgl. Carr, J. (2012): Inside Cyber Warfare , Second Edition, S. 280ff
  Vgl. Zubairi, J., Mahboob, A. (2012): Cyber Security Standards, Practices and Industrial Applications, USA, 2012, First Edition, S. 236
[16] Vgl. Amoroso, E. (2007): Cyber Security, First Edition, New Jersey, 2007, S. 9-10

Systemen ein Bot-Netz bilden und zum Verschleiern der eigentlichen Angriffsquelle, aber auch zum Ausführen von DDOS (Distributed Denial of Service)[17] Attacken genutzt werden.

Da die Abwehr- und Rückverfolgungsmöglichkeiten begrenzt sind, bleibt oftmals die Identität und vor allem die Motivation des Täters unbekannt. Insbesondere aus rechtlicher Sicht ist es somit nahezu unmöglich eine natürliche Person zur Rechenschaft zu ziehen oder Ansprüche auf Schadensersatz geltend zu machen.

Die Akteure, die in Zusammenhang mit Verbrechen im Cyberraum gebracht werden können, reichen von Kriminellen, über Terroristen bis zu ausländischen Nachrichtendiensten. Die Ziele von aktiven Cyber-Angriffen sind ebenso breit gefächert wie ihre Verursacher: Finanzielle Bereicherung, politische Demonstrationen, Schädigung der Unversehrtheit von Menschen und die Beschaffung von Informationen sind wesentliche Motivationen.

Dabei ist im Bereich der Spionage zwischen zwei Bereichen zu unterscheiden. Spionage, die staatlich gelenkt oder gestützt ist, von fremden Nachrichtendiensten ausgeht und den Zielbereich Wirtschaft tangiert ist als Wirtschaftsspionage zu betrachten. Die Ausforschung zwischen konkurrierenden Unternehmen allerdings ist als Konkurrenzausspähung zu verstehen.[18] Bei der Tätergruppe der Terroristen ist hervorzuheben, dass die Grenzen zwischen der klassischen organisierten Kriminalität und dem Terrorismus immer häufiger verschwimmen. Durch Kooperationen innerhalb dieser Organisationen, die auf Arbeitsteilung und Verschleierungsaktivitäten abzielen, wird es zunehmend komplizierter einen Verursacher zu identifizieren und den Strafverfolgungsbehörden auszuliefern.[19]

Doch die Möglichkeiten sind nicht nur auf den zivil-wirtschaftlichen Sektor begrenzt. „In den USA wurde das Konzept des Cyber War ab Anfang der 1990er Jahre zum Gegenstand in akademischen Kreisen sowie in den Reihen von Militär und Politik."[20] Auf theoretischer Ebene wurden seitdem die Möglichkeiten durch IT-gestützte Militäreinsätze erforscht. Die ersten computer-gestützten militärischen Operationen lassen sich nur erahnen. Allerdings

---

[17] Vgl. Augastine, P (2007): Encyclopaedia of Cyber Crime – Cyber Security Volume- 4, Delhi, 2007, First Edition, S. 136
[18] Vgl. Schaaf, C. (2009): Industriespionage – Der große Angriff auf den Mittelstand, München, 2009, 1, Auflage, S. 23
[19] Vgl. Brown, L. (2006): Cyberterrorism and Computer Attacks, First Edition, New York, 2006, S. 70ff
[20] Helmig, J., Schörnig, N. (2008): Die Transformation der Streitkräfte im 21. Jahrhundert, 1. Auflage, Frankfurt/Main, 2008, S. 109

können die Angriffe auf die IK-Strukturen Georgiens von russischer Seite aus, als erster Einsatz dieser Möglichkeiten gewertet werden.[21]

Momentan zeichnet sich ein „Rüstungswettlauf" der Militärs und Nachrichtendienste in dem Bereich computer network operations, also Computernetzwerk-gestützten Aktionen wie Angriff, Verteidigung und der damit verbundenen (Aus)Nutzung existierender technischer Möglichkeiten ab.[22]

Eine Tatsache, die sich in einer modernen IT-Verwaltung negativ auf die Schutzziele auswirkt, ist der wirtschaftlich begründete Trend zur Standardisierung. Was für Unternehmen oder Behörden durch z.B. abbildbasierte Installationen organisatorische Vorteile mit sich bringt, sind Systeme, die nicht nur identische Sicherheitsziele erreichen, sondern im Umkehrschluss auch identische Schwachstellen aufweisen.

Durch die zunehmende Komplexität und Verwundbarkeit der Informationsinfrastrukturen entstehen bisher nie dagewesene Probleme für deren Lösung neue Denkansätze nötig sind. Zudem werden Manipulationen an IT-Systemen nur selten entdeckt, da Unregelmäßigkeiten auf Grund des damit verbundenen hohen Arbeitsaufwandes nur vereinzelt nachgegangen wird.[23]

Dabei betreffen gezielt herbeigeführt oder auch zufällig eintretende Ausfälle Staat und Wirtschaft gleichermaßen. Kausalitäten lassen sich in einem modern agierenden Land nicht verhindern, sondern sind ein Indiz für eine gute Zusammenarbeit zwischen den öffentlichen und staatlichen Bereichen.

---

[21] Vgl. Schönbohm, A. (2011): Deutschlands Sicherheit: Cybercrime und Cyberwar, 1. Auflage, Münster., 2011, S. 52
[22] Vgl. Department of Defense (2010): Dictionary of Military and Associated Terms, Washington, S. 96
[23] Vgl. Dornseif, M. (2005): Phänomenologie der IT-Delinquenz, 1. Auflage, Bonn, 2005, S. 46

3.1.2 Sicherheitsziele und Sicherheitsmaßnahmen

Abbildung 3: Strategische Ziele und Maßnahmen

Im Rahmen der Cybersicherheit für Staat, Wirtschaft und Gesellschaft wurde im nationalen und internationalen Kontext ein zehn Punkte Plan entwickelt, der ein breites Instrumentarium an Aktionspunkten bietet.

Der Schutz kritischer Infrastrukturen steht dabei im Zentrum der Überlegungen. Um dieses Ziel erreichen zu können, sind ergebnisorientierte Bestrebungen von allen beteiligten Stellen nötig. Des Weiteren ist eine Stärkung der IT-Sicherheit in der öffentlichen Verwaltung geplant. IT-Verbünde, die bisher vorrangig auf Verfügbarkeit ausgerichtet waren, sollen jetzt auch die Integrität und Vertraulichkeit von Daten gewährleisten. Mit der Forderung ein Nationales Cyber-Abwehrzentrum aufzubauen, soll ein Monitoring für die aktuelle Gefährdungslage im Cyber-Raum entstehen. Zudem bestehen seine Aufgaben in der Optimierung der Zusammenarbeit, der Koordination der Schutz- und Abwehrmaßnahmen und abschließend der Analyse und Bewertung von IT-Vorfällen.

Um auch auf strategischer Ebene eine Instanz zu schaffen, wurde der Nationale Cyber-Sicherheitsrat gegründet. Mitglieder sind das Kanzleramt, das Auswärtige Amt, Innen-, Verteidigungs-, Forschungs-, Justiz-, Finanz- und Wirtschaftsministerium, zudem Vertreter aus Bundesländern und der Wirtschaft. Seine Aufgaben konzentrieren sich auf die Koordinierung des Vorgehens bei der Absicherung der Kritischen Infrastrukturen. Weitere Aufgabengebiete sind neue Technologien und die dadurch entstehenden Sicherheits-Herausforderungen sowie die Koordinierung einer Cyber-Außenpolitik der Bundesregierung.[24]

Ein weiteres Ziel ist die wirksame Kriminalitätsbekämpfung im Cyber-Raum. Hierbei stellen nationale Grenzüberschreitungen, die im Cyberraum theoretisch nicht mehr existieren und die Rückverfolgung von Angriffen die größten Probleme dar. Bei der Kooperation haben auch andere Bündnispartner signalisiert, dass sie an einem effektiven Zusammenwirken für Cyber-Sicherheit in Europa und weltweit interessiert sind, was bei den aktuellen Entwicklungen verständlich und insbesondere erforderlich ist.

„Die rapide steigende Zunahme des Missbrauchs von und der Angriffe auf Datennetze, aber auch hochentwickelte Schadtechnologien wie die eines Stuxnet haben uns vor Augen geführt, wie sehr wir alle auf internationale Kooperationsbereitschaft angewiesen sind."*25*

Ebenfalls eine Problematik, die alle Akteure betrifft ist der Einsatz verlässlicher und vertrauenswürdiger Informationstechnologie. Durch die global gewachsenen Lieferketten kann die Entwicklung, Produktion und Auslieferung von Hard- oder Software über mehrere Kontinente realisiert worden sein und somit ist kaum nachvollziehbar, welche Firmen oder staatlichen Institutionen Zugriff oder zumindest Einfluss hatten.

---

[24] Rede des IT-Direktors im Bundesministerium des Innern Ministerialdirektor Martin Schallbruch, 2. Handelsblatt Konferenz Cybersecurity am 07.09.2012
[25] Rede von Staatsminister Werner Hoyer zur Eröffnung der Konferenz "Challenges in Cybersecurity – Risks, Strategies and Confidence-Building" am 13. und 14.12.2011 im Europasaal des Auswärtigen Amts, Berlin

Im Rahmen der neuen Aufgaben soll auch die Personalentwicklung der Bundesbehörden angepasst werden, dafür müssen allerdings hohe finanzielle Mittel von der Bundesregierung bereitgestellt werden. Außerdem soll ein Instrumentarium mit Hilfe des Cyber-Abwehrzentrums wachsen, dass in naher Zukunft eine Gefahrenabwehr möglich macht.

Um eine Gewährleistung von Sicherheit im Cyber-Raum garantieren zu können, bedarf es einiger Rahmenbedingungen. Diese werden im Weiteren näher erläutert:

Die Durchsetzung von Recht soll zukünftig, auch bei Straftaten die im Cyber-Raum begangen werden, gewährleistet sein. Geplant ist zudem alle Kritischen Informationsinfrastrukturen stärker zu schützen als bisher. Für die weitere Zusammenarbeit wird eine verteilte Verantwortung von Staat, Wirtschaft und Gesellschaft gefordert. Abschließend sollen alle Akteure gemeinsam und partnerschaftlich, auch im internationalen Kontext, zusammen arbeiten. Durch Vorfälle anderer Länder ist Deutschland durch seine stark entwickelte Vernetzung mittelbar betroffen und hat kaum Reaktionszeiten zur Schadenminimierung. Ein weiteres Problem im weltweiten Dialog ist die Durchsetzung von internationalen Verhaltensregeln, Standards und Normen ohne die eine Zusammenarbeit schon in der Entstehung problematisch einzuschätzen ist. Eine gemeinsame Basis für grundlegende Aspekte wie Sprachregelung, minimale Regelungen (code of conduct), wie beispielsweise Sicherheitsanforderungen und vor allem juristische Einigkeit sind das Fundament für weitere Vorhaben und sollen mittelfristig mit Verbündeten und Partnern etabliert werden. Innen- und außenpolitische Maßnahmen sollen entwickelt werden, um im Ergebnis ein ganzheitliches Konzept erstellen zu können. Zudem ist eine enge Kooperation mit den Strafverfolgungsbehörden unabdingbar, auch in diesem Bereich sollen neue Ansätze, wie zügiger Informationsaustausch und vernetzte Plattformen für alle nötigen Behörden, umgesetzt werden.

4 Bewertung der Strategie und Verbesserungsoptionen

4.1 Bewertung des Status Quo und Optimierungspotentiale

Personalgewinnung

Als Basis für zielorientiertes Arbeiten ist Fachpersonal unabdingbar. Spezialisten sind schwer zu rekrutieren, da die finanzielle Motivation in der privaten Wirtschaft deutlich über den Möglichkeiten einer öffentlichen Behörde oder staatlichen Einrichtung liegt. Hier müssen Systeme geschaffen werden, die immaterielle Anreize in den Mittelpunkt der Bemühungen stellen, um die nötige Expertise in Form von Mitarbeiterwissen zu erlangen. Zudem ist es besonders in sicherheitsempfindlichen und kritischen Bereichen wichtig den Mitarbeiter langfristig zu binden, da bei einer Kündigung Wissen verloren gehen könnte und er ab diesem Zeitpunkt eine potentielle Gefahr darstellt.

Sprachregelung, Verhaltensnormen und Vetragskonstrukte

Eines der grundlegenden Probleme ist die Tatsache, dass keine einheitliche und verbindliche Sprachregelung existiert. Weder national, noch international. Zwischen den verschiedenen Berufsprofessionen ist es somit schwierig effektive Lösungsansätze zu entwickeln. Um ein gemeinsames Vokabular zu schaffen, müssen Juristen, Ingenieure und IT-Spezialisten ihr fachliches Verständnis der jeweiligen Begriffe zusammenführen und der Öffentlichkeit bereitstellen. Zudem müssen darauf aufbauend Verhaltensnormen und Vertragskonstrukte festgeschrieben werden, die für alle beteiligten Stellen, national und auch international bindend sind und im Falle eines Verstoßes sanktioniert werden können.

Wissenssicherung

Mit den Defensivfähigkeiten im militärischen respektive nachrichtendienstlichen Bereich wachsen automatisch auch die Offensivfähigkeiten. Diese Entwicklung sollte mit maximalem Mehrwert genutzt werden, um in der nahen Zukunft nicht im internationalen Vergleich nachteilig aufgestellt zu sein. Der Einsatz solcher Fähigkeiten wird in Deutschland (noch) scharf kritisiert. In absehbarer Zeit ist das Know-How im Bereich computer network operations allerdings nötig, um sich im Verteidigungsfall wehren zu können. Die Cyber-

Sicherheitsstrategie behandelt dieses Thema nicht. Trotzdem ist es eng mit einer staatlichen Schutzstrategie verwebt und sollte Berücksichtigung finden.

Effektives IT-Krisenmanagement

Da längere Ausfälle von IT-Infrastrukturen in Zeiten moderner Automatisierungsmethoden erhebliches wirtschaftliches Schadenspotential mit sich bringen, muss ein ebenso modernes IT-Krisenmanagement etabliert werden, das eine schnelle Reaktionszeit garantiert. Notfallpläne müssen in Planspielszenarien, wie der LÜKEX 2011, möglichst realitätsnah durchgespielt, laufend aktualisiert und optimiert werden.

Vernetzter Ansatz für den Austausch aktueller Informationen

Frühwarnsysteme in Form von Sensornetzen müssen stärker etabliert werden und die gesammelten Informationen in einem vernetzten Ansatz ausgetauscht werden. In diesem Rahmen erkannte neue Angriffsmuster und neu auftretender Schadcode muss ressortübergreifend kommuniziert werden, um Intrusion/Prevention Detection Systeme, als auch Anti-Viren Software so aktuell wie möglich zu halten.

Internationale Kooperationen und transparente Kommunikation miteinander sind ein Weg den vernetzten Bedrohungen mit vernetzten Lösungen entgegen zu treten. Da eine zukünftig zunehmende Vernetzung auch im Bereich der Cyberkriminalität zu erwarten ist, ist dieser Ansatz die beste Antwort auf die Fragestellung wie man reagieren sollte.

Kooperation der Strafbehörden

Die Strafverfolgungsbehörden müssen stärker miteinander kooperieren, um den Prozess vom Verdacht einer Straftat bis hin zur Anzeige effizienter zu gestalten. Zudem muss die Beweissicherung durch professionell dafür ausgebildete IT-Forensiker durchgeführt werden, damit die Ursache für Cyberkriminalität bekämpft wird und nicht nur die Folgen eingedämmt. Einen Täter im Cyber-Raum zu überführen ist nicht unmöglich, sondern technisch sehr anspruchsvoll. Zu resignieren stellt hier keine Option dar.

Entskandalisierung und Entmystifizierung der Cyber-Thematik

Unternehmen die Opfer eines Cyber-Vorfalls werden, müssen motiviert werden diesen auch offiziell zu melden. In der momentanen Situation fürchten die Unternehmen Imageverluste und sind eher bereit Erpressungsgelder zu zahlen, als sich öffentlich zu Sicherheitsvorfällen zu bekennen. Unternehmen, die erfolgreich angegriffen wurden, müssen mit den zuständigen Behörden, wie dem Verfassungsschutz kooperieren und dürfen nicht von der Presse negativ dargestellt werden.

Sichere Hard- und Software

Infrastrukturelle Komponenten, wie Router, Switches, aber auch Embedded Systems müssen aus vertrauenswürdigen Quellen bezogen oder so eingehend von staatlicher Stelle geprüft werden, dass Backdoors und ähnliche Möglichkeiten zur Spionage ausgeschlossen sind. Dabei müssen die Zertifizierungsleistungen der Bundesanstalt für Sicherheit in der Informationstechnik weiter ausgebaut werden. IT-Anwendungen und –Systeme müssen auf ihre Sicherheitseigenschaften überprüft werden, bevor sie in kritischen Produktiv-Strukturen eingesetzt werden. Bemühungen ein deutsches „Silicon-Valley zu verwirklichen, müssen ebenfalls weiter verfolgt werden, da nur so eine Unabhängigkeit von anderen Staaten möglich ist. An einem solchen Standort könnten IT-Komponenten „Made in Germany" produziert werden, man würde den gesamten Wertschöpfungsprozess begleiten können und somit ausschließen, dass die Hardware kompromittiert wurde.

Planspiele und Übungen

Die Durchführung von Cyber-Übungen wie der Lükex 2011 mit dem Fokus auf Sicherheit in der Informationstechnologie, und die Teilnahme Deutschlands an internationalen Übungen, wie der US-Übung Cyberstorm 2010 oder der Eurocybex 2010 müssen auch weiterhin zentraler Bestandteil der Anstrengungen sein.

4.2 Umsetzung und Realisierbarkeit des Maßnahmenplans

Bei der Umsetzung der geplanten strategischen Maßnahmen kann nach einem Jahr nach Veröffentlichung der Strategie eine positive Bilanz gezogen werden. Wie erwartet gibt es Teilbereiche, die sich momentan noch in einem sehr frühen Stadium befinden. Hierbei sei die geplante Cyber-Allianz im PPP (Private-Public-Partnership) Bereich genannt. Die hier erhofften Beziehungen müssen allerdings erst wachsen, um gemeinsam gesteckte Ziele zu erreichen.

Das Cyber-Abwehrzentrum hat seine Arbeit bereits vollständig aufgenommen und informiert über Schwachstellen und neue Entwicklungen im IT-Sicherheitsumfeld. Auch bei der Realisierbarkeit kann von einem Erfolg gesprochen werden. Viele Aktionspunkte wurden ohne vorhandene Erfahrungswerte entwickelt und erfolgreich umgesetzt.

4.3 Grenzen eines Strategiepapiers

Mit der Entwicklung der Cyber-Sicherheitsstrategie für Deutschland hat die Bundesrepublik einen entscheidenden Schritt bei der Weiter(entwicklung) von IT-Sicherheit gemacht. Eine Strategie in diesem Bereich war unausweichlich. Viele Bündnispartner haben ähnliche Strategien in einer Entwurfsfassung, einige allerdings noch keine Basis für ein mittel- bis langfristig geplantes staatliches Handeln. Die Verbindung zwischen strategischer und operativer IT stellt eine große Gefahrenquelle dar, da schriftlich fixierte Richtlinien oder Regularien tatsächlich top-down bis auf die technische Ebene begleitet werden müssen und ihr Umsetzungsstand kontinuierlich kontrolliert werden muss.

5 Ausblick

Durch die weiterhin kontinuierlich steigende Vernetzung und den parallelen Trend zur Digitalisierung werden Cyberkriminelle auch in Zukunft einen florierenden Geschäftsbereich unterhalten. Dabei ist allerdings noch nicht entschieden, ob die Cybercrime-Branche expandiert oder wie anhand aktueller Statistiken zu erkennen, vorerst stagniert, dafür aber eine Professionalisierung stattfindet. Aktuelle Angriffsszenarien machen deutlich, dass nicht wie in der Vergangenheit eine bekannte Schwachstelle an einem wahllos lokalisierten IT-System, sondern eine unbekannte Schwachstelle an einem bekannten Opfersystem ausgenutzt wird. APTs sind also die „Waffen", mit denen gegenwärtig und zukünftig Kriminelle ihre Ziele verfolgen werden.

Die Bemühungen Daten zu schützen und nicht deren Transportwege scheint ein möglicher Weg, zumindest Angriffe auf die Vertraulichkeit und Integrität abwehren zu können. Angriffe auf die Verfügbarkeit aber, wie DDOs-Angriffe und ihre Folgen, werden auch weiterhin ein Risiko für die Gesellschaft darstellen.

Durch den Fachpersonalmangel werden die Gehälter für Spezialisten für kleine und mittlere Unternehmen teilweise hohe Investitionen erfordern, um ihre Infrastrukturen effektiv zu schützen. Auf staatlicher Seite sollten die Anreizsysteme für Mitarbeiter optimiert werden, da es sonst nur selten möglich sein wird Experten zu gewinnen und vor allem fest zu binden.

Der Ausbau des Bundesamtes für Sicherheit in der Informationstechnik als zentrale Cyber-Sicherheitsbehörde, um insbesondere auch die Abwehr von IT-Angriffen koordinieren zu können, muss stärker gefördert werden und die Schnittstellen zur Privatindustrie genauer definiert und genutzt werden.[26]

Fest steht: Die laufende dynamische Entwicklung und den anhaltenden Trend zur Vernetzung kann man nicht rückgängig machen. Daraus ergibt sich die Tatsache, dass Privatbürgern, Unternehmen und Staat weitere Bedrohungen im Cyberraum bevorstehen. Als nächstes prekäres Ereignis in der Technologie ist der Durchbruch von Forschungsergebnissen im Bereich der Quantencomputer denkbar. Bis dahin sollte man sich allerdings auf reale und aktuelle Gefahren konzentrieren und die strategische Ausrichtung des Staates in Form der Cyber-Sicherheitsstrategie einer ständigen Überprüfung unterziehen, um so allumfassend wie möglich auf sie reagieren zu können, denn

„blickt man die Straße hinunter, werden Cyberbedrohungen nicht heute, aber morgen Nummer Eins Priorität für moderne Staaten sein."[27]

Und somit unweigerlich auch für alle die darin leben.

---

[26] Vgl. Koalitionsvertrag zwischen CDU, CSU UND FDP vom 06.10.2009, S. 103
[27] Zitat von Robert Mueller, Direktor des Federal Bureau of Investigation auf der RSA Cyber Security Conference am 01.03.2012

Literaturverzeichnis

Amoroso, E. (2007):

  Cyber Security, First Edition, New Jersey, 2007, S. 2

Augastine, P (2007):

  *Encyclopaedia of Cyber Crime – Cyber Security Volume- 4, Delhi, 2007, First Edition, S.
  136*

Bibliographisches Institut GmbH (2009)

  Duden 01. Die deutsche Rechtschreibung, 25. Auflage, Mannheim, 2009

Brown, L. (2006):

  Cyberterrorism and Computer Attacks, First Edition, New York, 2006, S. 70ff

Bundesamt für Informationstechnik (2012):

  Register aktueller Cyber-Gefährdungen und –Angriffsformen

Bundesministerium des Innern (2011):

  Cyber-Sicherheitsstrategie für Deutschland, S. 3

Bundesministerium des Innern (2005):

  Nationaler Plan zum Schutz der Informationsinfrastrukturen (NPSI), 2005, S. 21

Carr, J. (2012):

  Inside Cyber Warfare, Second Edition, S. 280ff

Cordesman, A.; Cordesman, J. (2002):

  *Cyber-Threats, Information Warfare, and Critical [2] Infrastructure Protection, First
  Edition, Washington, 2002, S. 20*

Department of Defense of the USA (2010):

  Dictionary of Military and Associated Terms, Washington, S. 96

Dornseif, M. (2005):

  Phänomenologie der IT-Delinquenz, 1. Auflage, Bonn, 2005, S. 46

Gaycken, S. (2012):

Cyberwar – Das Wettrüsten hat längst begonnen, 1. Auflage, München, 2012, Kapitel 1.5

Helmig, J., Schörnig, N. (2008):

Die Transformation der Streitkräfte im 21. Jahrhundert, 1. Auflage, Frankfurt/Main, 2008, S. 109

Hersent, O.,Boswarthick, D., Elloumi. O (2012):

The Internet of Things – Key Applications and Protocols, First Edition. Chichester, 2012, S. 1

Hoyer, W., Staatsminister im Auswärtigen Amt zur Eröffnung der Konferenz

"Challenges in Cybersecurity – Risks, Strategies and Confidence-Building" am 13. und 14.12.2011 im Europasaal des Auswärtigen Amts, Berlin

http://www.auswaertiges-amt.de/DE/Infoservice/Presse/Reden/2011/111213-StM_H_Cybersecurity.html

(Stand 20.09.2012, 18:30)

Koalitionsvertrag zwischen CDU, CSU UND FDP vom 06.10.2009, S. 103

http://www.cdu.de/doc/pdfc/091026-koalitionsvertrag-cducsu-fdp.pdf

(Stand 24.09.2012, 19:45)

Mueller, R., Direktor des Federal Bureau of Investigation

http://abcnews.go.com/blogs/politics/2012/01/fbi-director-says-cyberthreat-will-surpass-threat-from-terrorists

(Stand 23.09.2012, 22:20)

Müller, K. (2003):

IT-Sicherheit mit System, 1. Aufl., Wiesbaden, 2003, S. 231

Schaaf, C. (2009):

Industriespionage – Der große Angriff auf den Mittelstand, München, 2009, 1, Auflage, S. 23

Schallbruch, M., IT-Direktor im Bundesministerium des Innern und Ministerialdirektor,

„2. Handelsblatt Konferenz Cybersecurity" am 07.09.2012 im Hotel Kempinski, Berlin

http://www.bmi.bund.de/SharedDocs/Reden/DE/2012/09/itd_cybersecurity.html

(Stand 23.09.2012)

Schönbohm, A. (2011):

Deutschlands Sicherheit: Cybercrime und Cyberwar, 1. Auflage, Münster., 2011, S. 52

Tiemeyer, E. (2009):

Handbuch IT-Management, 3. Auflage, München, 2009, S. 525ff

Zubairi, J., Mahboob, A. (2012):

Cyber Security Standards, Practices and Industrial Applications, USA, 2012, First

Edition, S. 236